"المناخ هو ما نتوقعه, الطقس هو ما نشعر به".

روبرت هينلين

هذه هي الأرض.

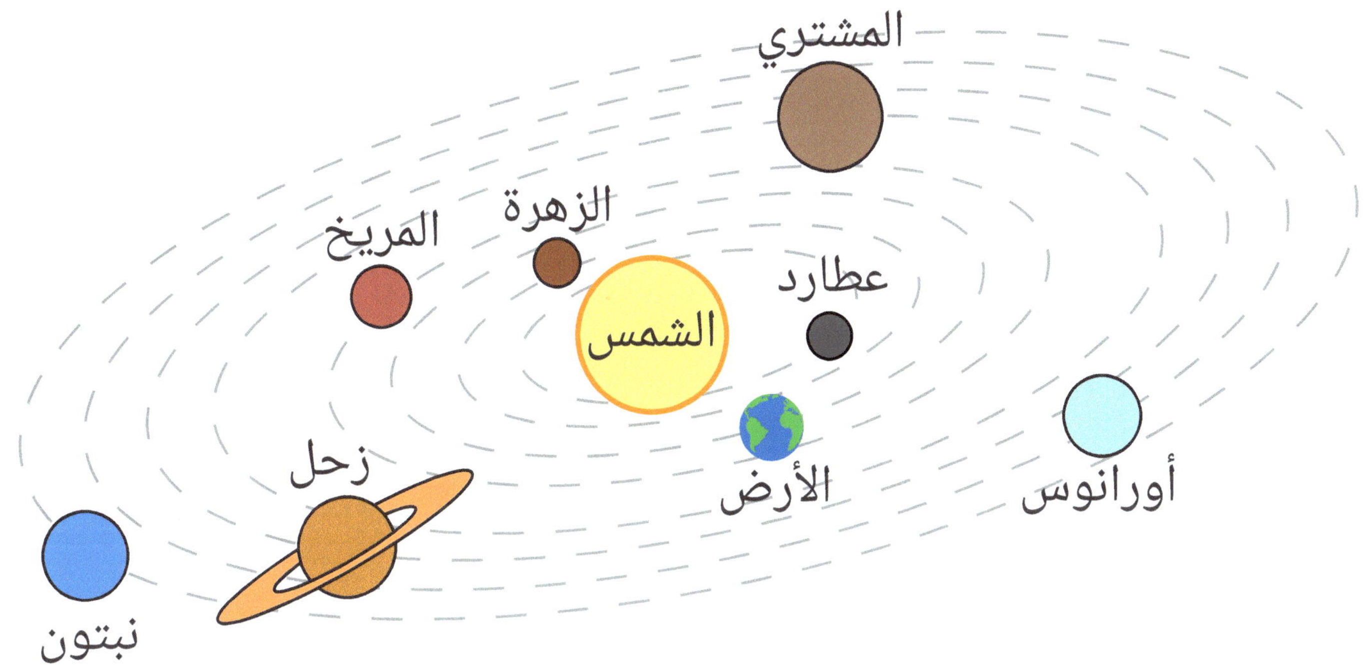

الأرض هو كوكب صخري صغير يدور حول الشمس.

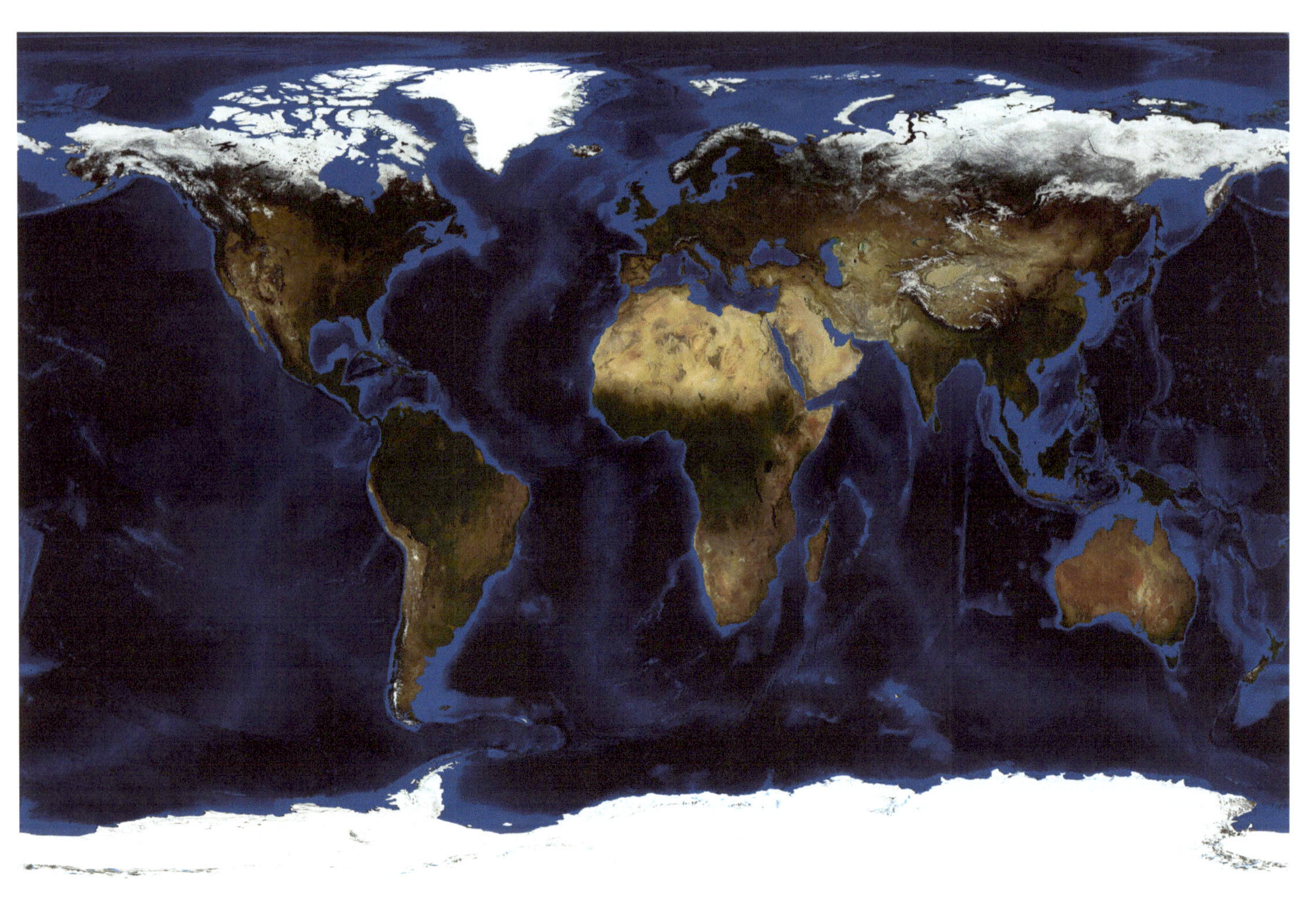

شكل الأرض من الفضاء.

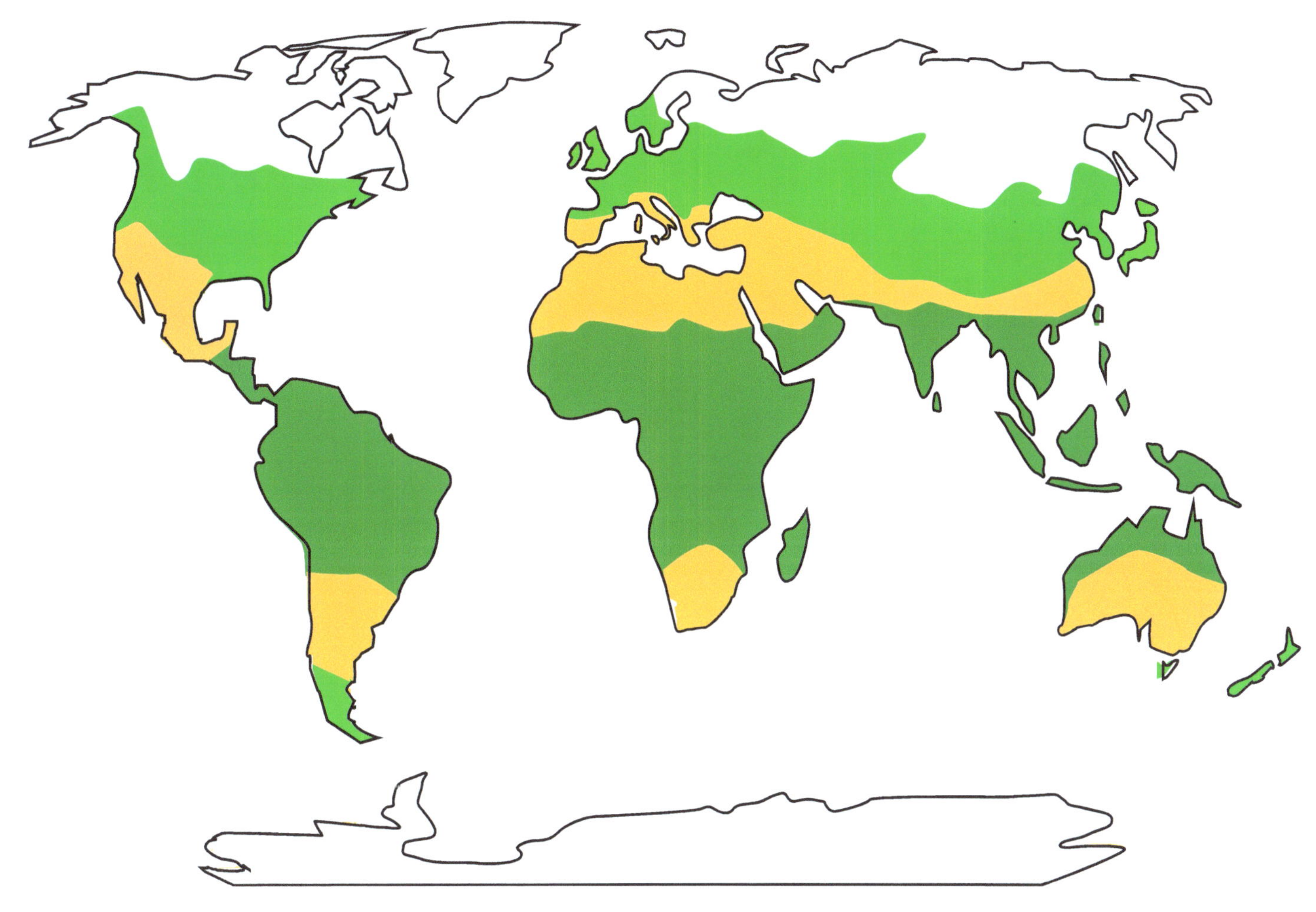

سطحه مغطى بمناطق
خضراء, صفراء, وبيضاء.

المناطق الممطرة مغطاة بالنباتات،
لذلك فهي تبدو خضراء.

لا يوجد في المناطق الجافه الكثير من النباتات,
لذا فهي تبدوا صفراء وبنية.

المناطق شديدة البرودة يغطيها الجليد والثلج،
لذا فهي تبدو بيضاء.

حارة وجافة

باردة ومغطاه بالثلوج

على الأرض، هناك بيئات مختلفة جدًا
ومناسبة للحيوانات المختلفة.

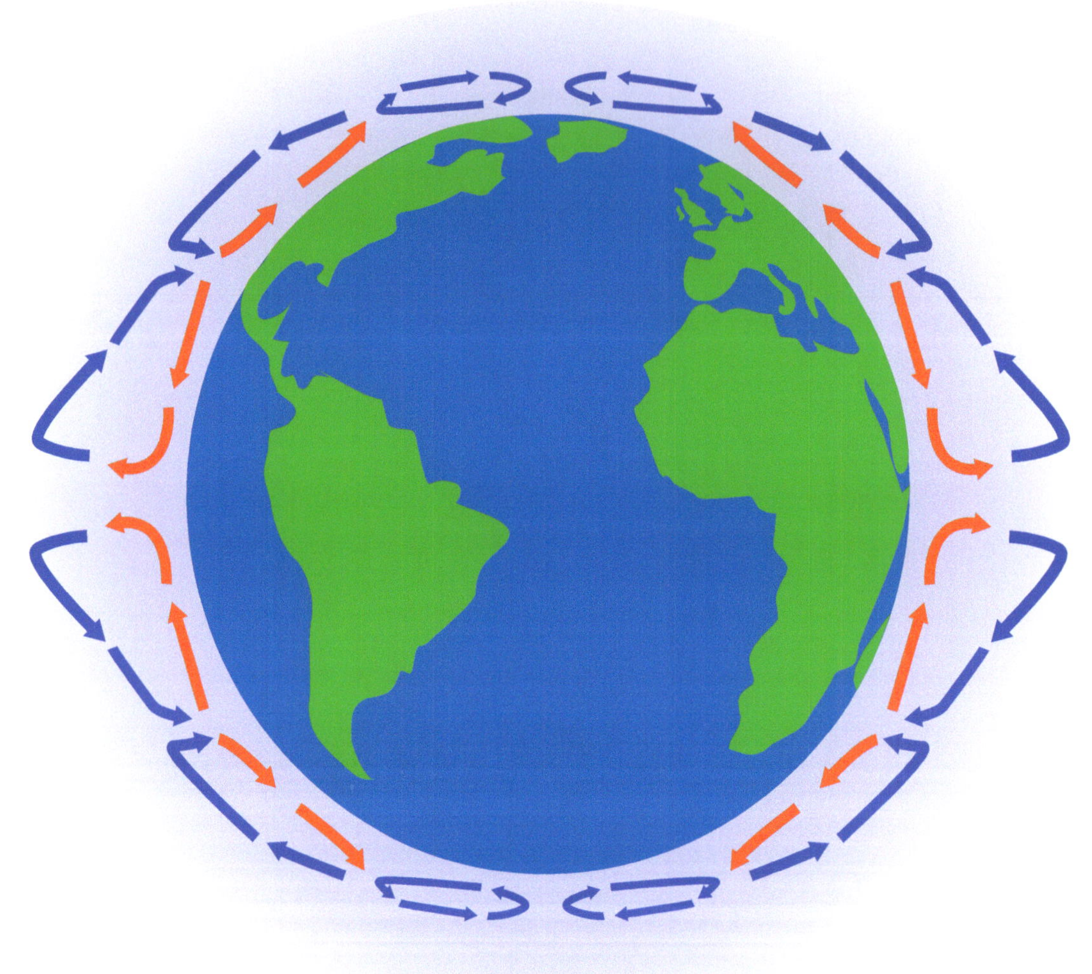

الكرة الأرضية محاطة بطبقة من الهواء في حالة حركة مستمرة.

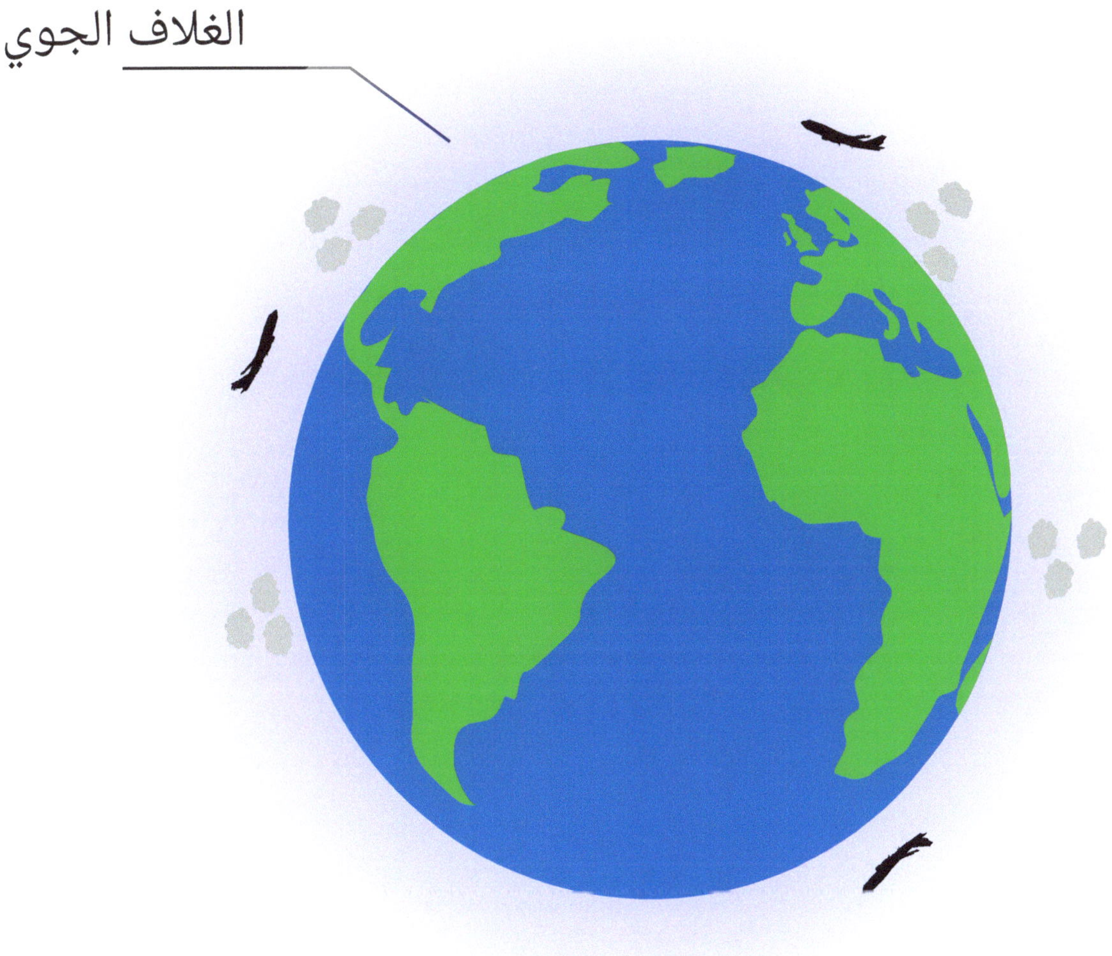

تدعى هذه الطبقة بالغلاف الجوي.

بفعل حركة الهواء في الغلاف الجوي،
يتم خلق أنواع مختلفة من الطقس،

ومناطق مناخية مختلفة.

هناك أيام دافئة,

وهناك أيام باردة.

هناك أيام ممطرة،

وهناك أيام عاصفة.

مناخ جاف

مناخ ممطر

المناخ هو متوسط حالات الطقس.

يتم تحديد مناطق المناخ من خلال درجة الحرارة وكمية هطول الامطار.

الطاقة التي تحرك الهواء في الغلاف الجوي تأتي من الشمس.

الشمس نجم ساطع وساخن.

ينبعث من الشمس أشعة والتي
تنتقل مسافات طويلة.

تتحرك هذه الأشعة عبر الفضاء.

وتصل للغلاف الجوي للأرض.

في الغلاف الجوي،
يحدث الطقس وتطير الطائرات.

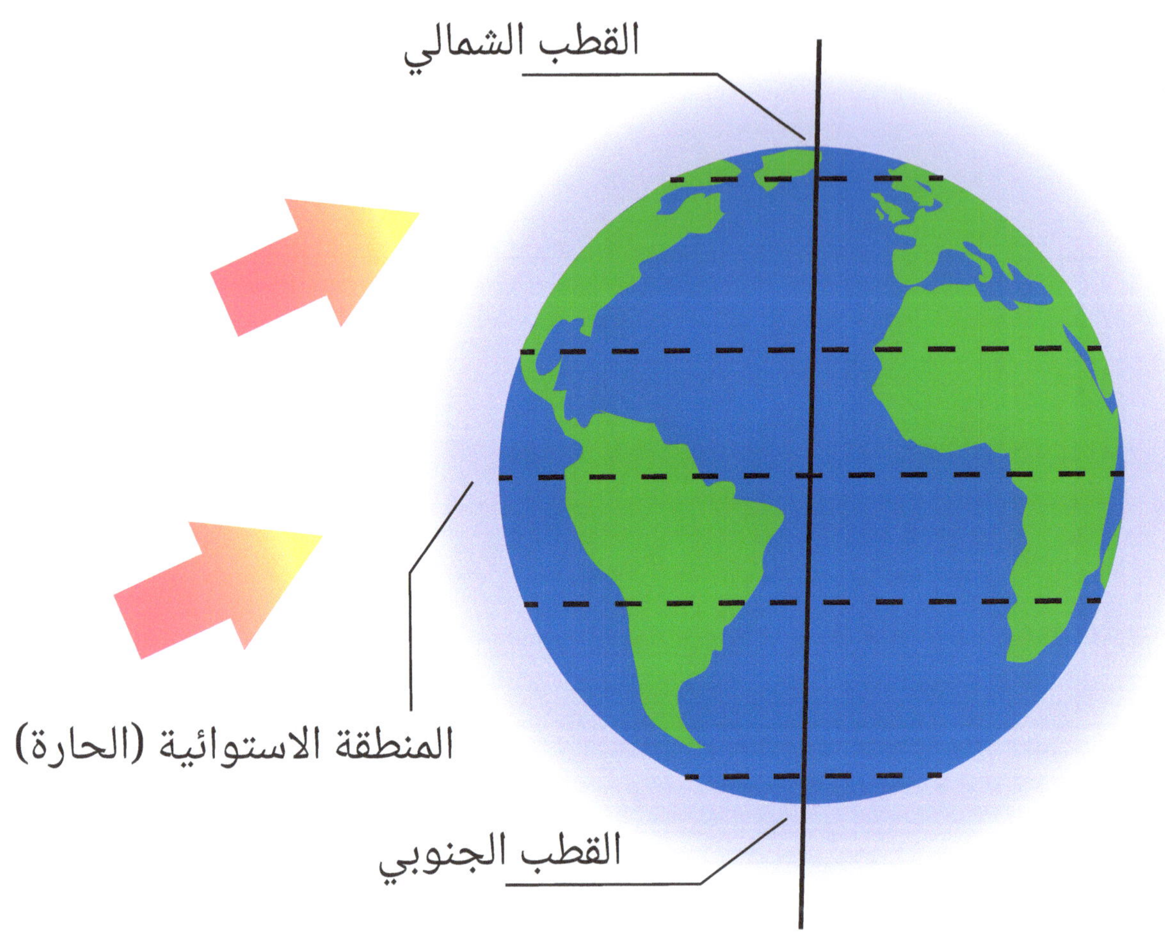

لان الأرض كروية, لا يتم توزيع أشعة الشمس بشكل متساوي.

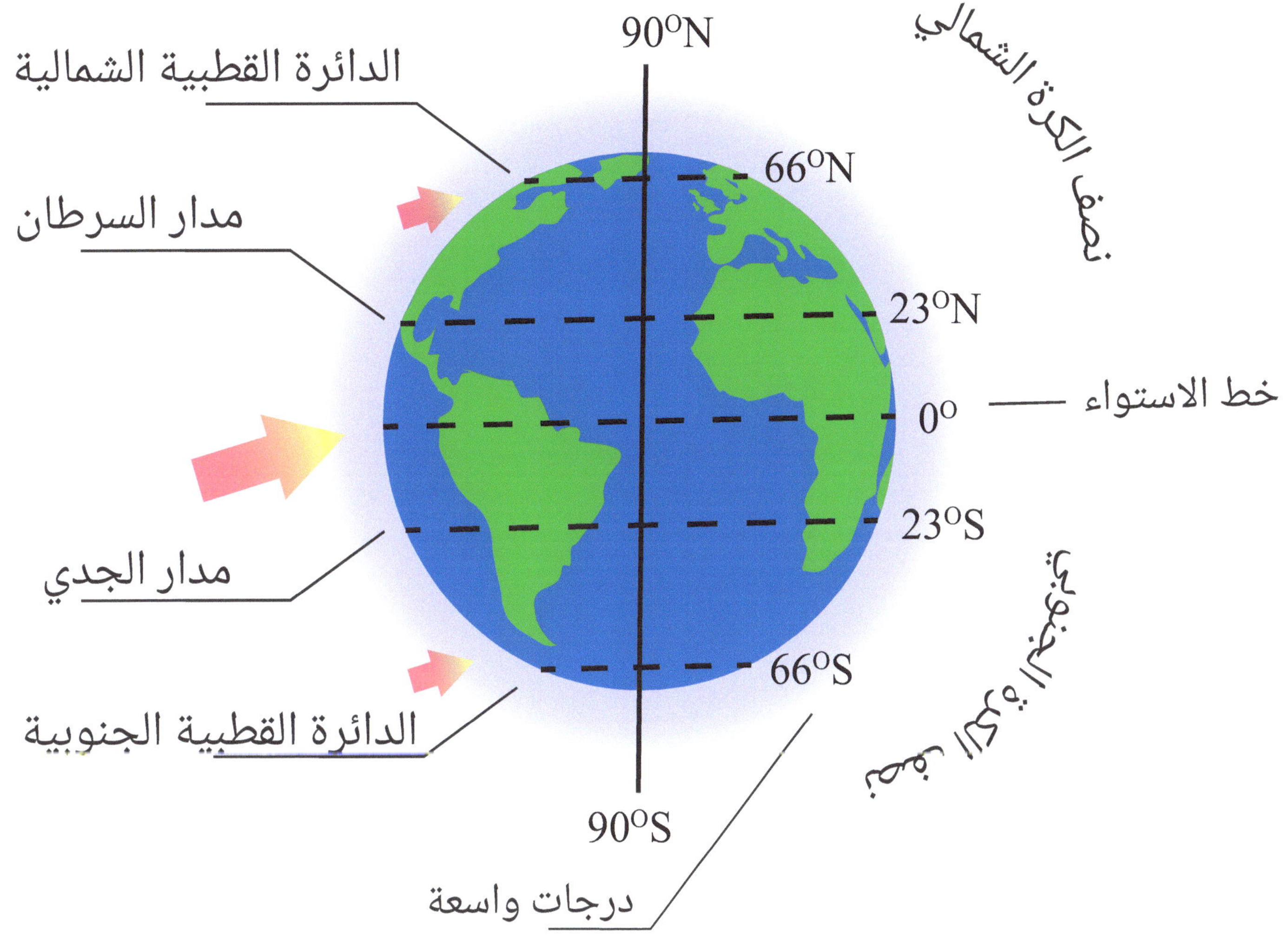

تصل كمية أكبر من أشعة الشمس الى المناطق الاستوائية مقارنة بالقطبين.

تصل كمية صغيرة من أشعة الشمس الى القطبين،
لذا فهي مناطق باردة ومغطاه بالثلوج.

تصل كمية كبيرة من أشعة الشمس
الى المناطق الاستوائية,
وبتالي فهي مناطق ساخنه وماطرة.

أشعة الشمس تسخن سطح الأرض.

يقوم سطح الأرض بتسخين الهواء فيرتفع.

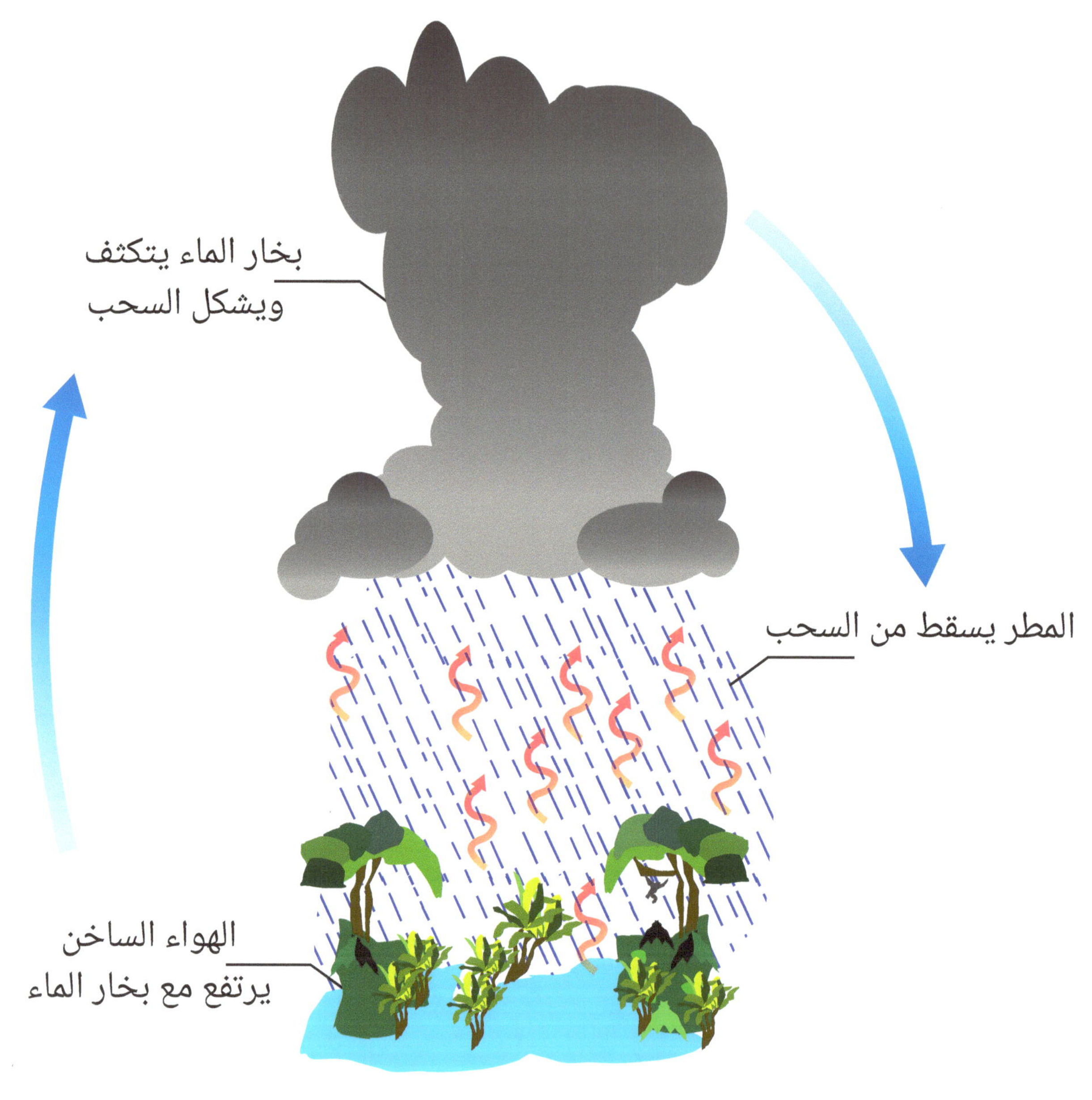

مع صعود الهواء الساخن الى الأعلى يبرد، وبالتالي يتكثف بخار الماء الذي في داخله مما يشكل السحب التي بدورها تسقط الامطار.

لذلك، يوجد مناخ دافئ وممطر في المناطق الاستوائية.

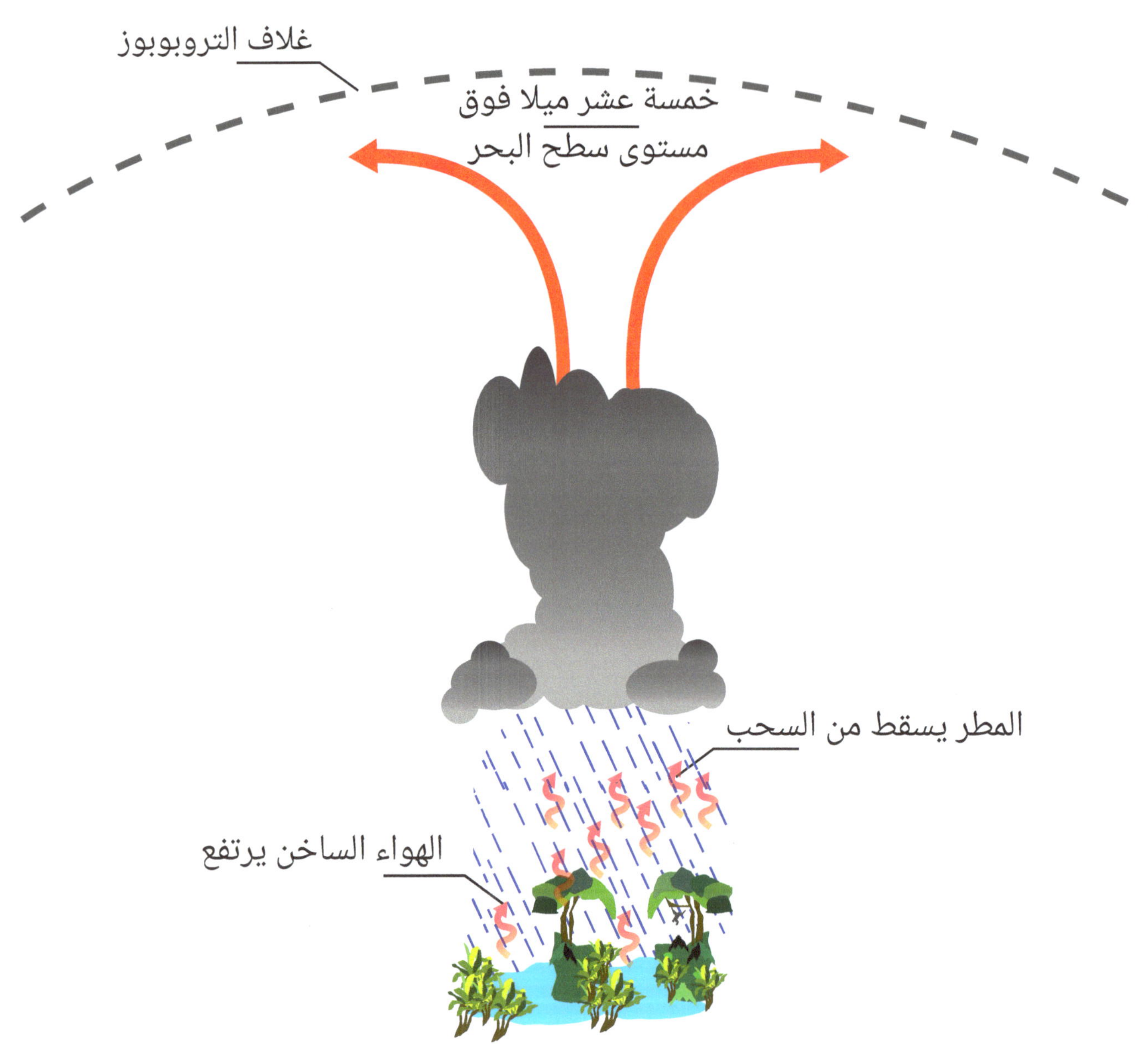

يستمر الهواء في الارتفاع إلى غلاف التروبوبوز ويتحرك باتجاه القطبيين.

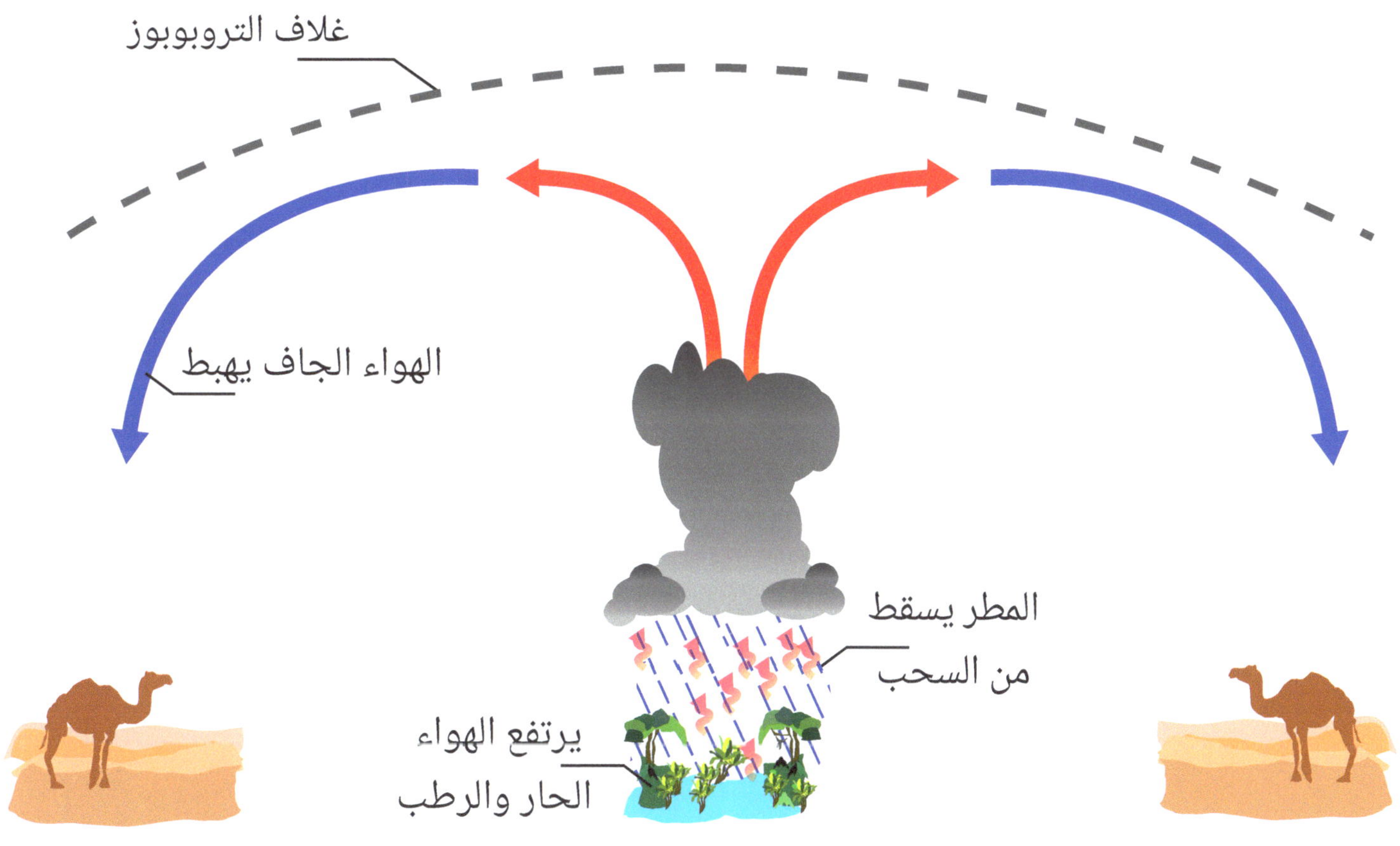

يهبط الهواء الجاف الى سطح الأرض عند خط عرض 30°.

هذا يخلق طقسًا حارًا جافًا ومستقرا ومناخ شبه استوائي.

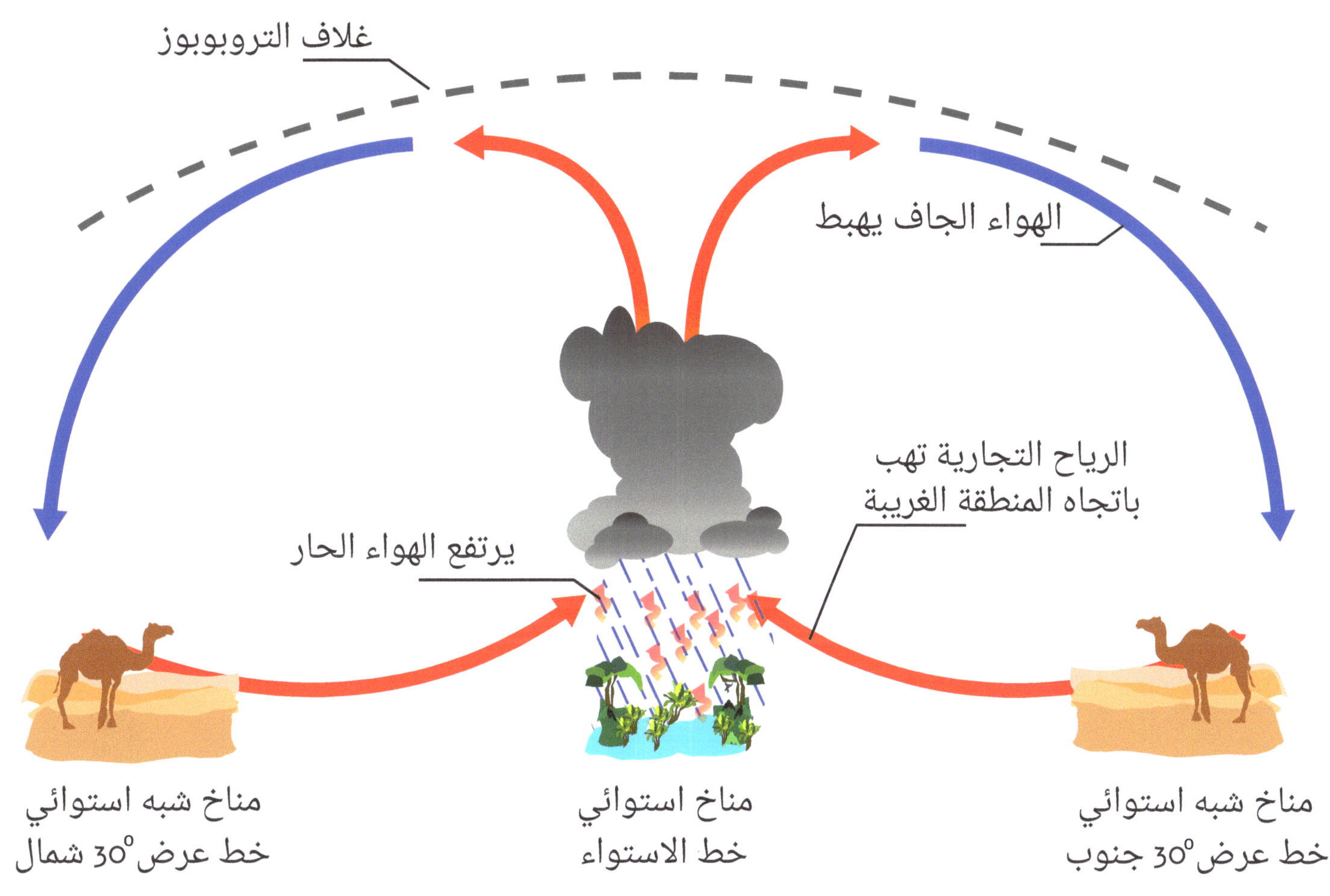

الهواء الجاف الذي هبط عند خط عرض30° يهب ويعود إلى خط الاستواء, وهذا ما ينتج الرياح التجارية.

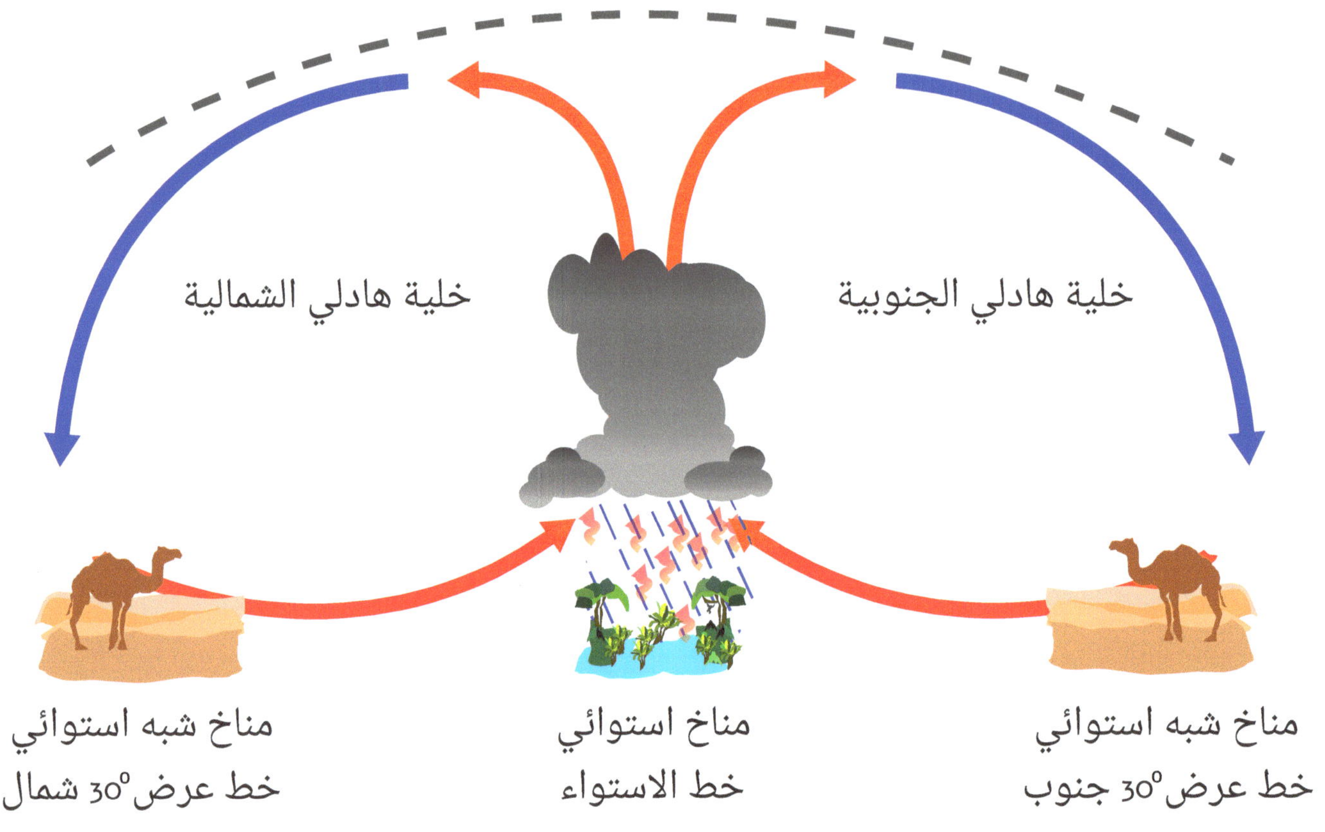

إنها خلية تدفق في الغلاف الجوي
(حجيرة توزيع).

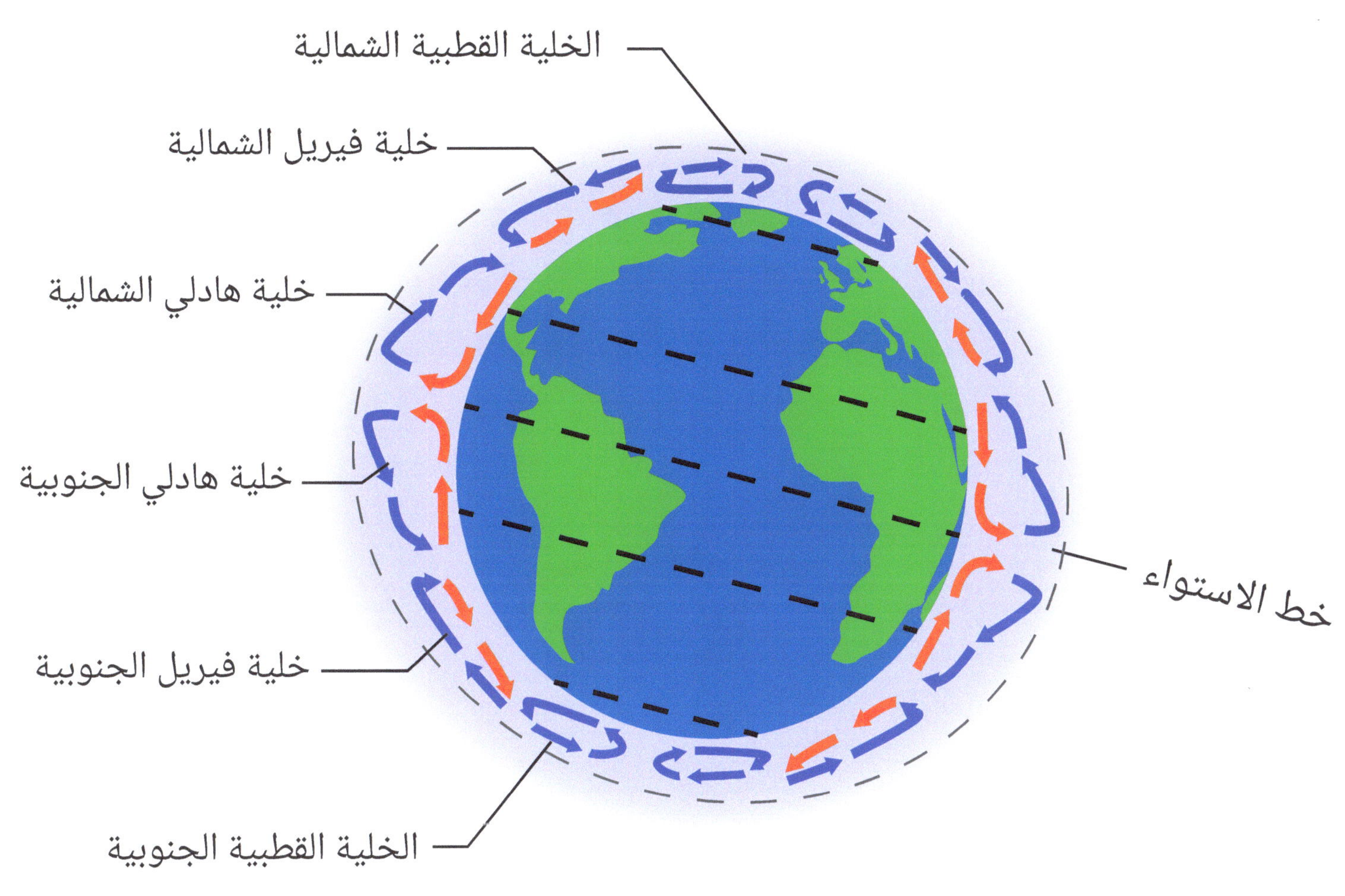

هنالك ثلاث خلايا من هذا القبيل في كل نصف من أنصاف الكرة الأرضية.

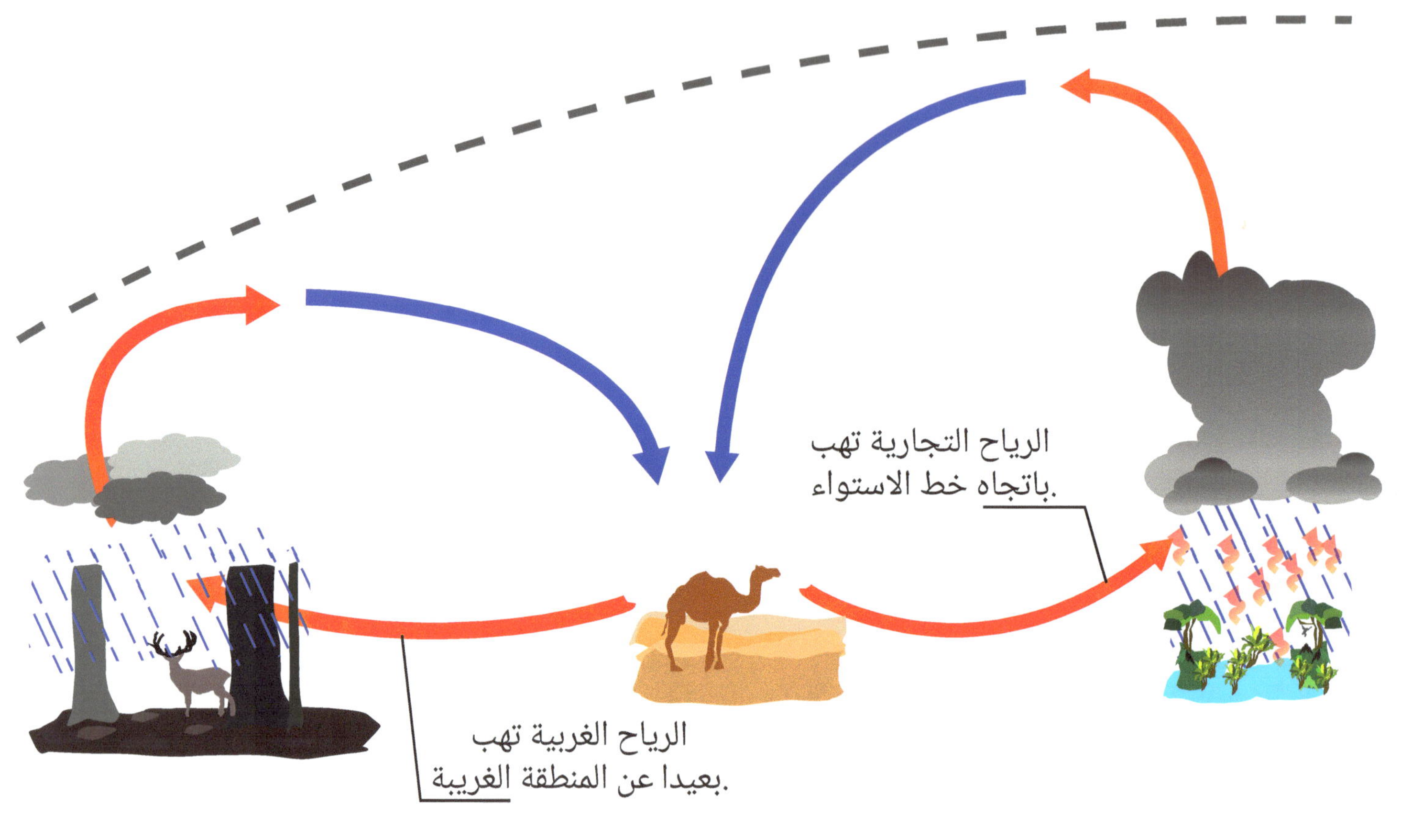

بالمثل تخلق خلية فيريل مناطق ذات مناخ ماطر وبارد في خط عرض 60°.

تتميز هذه المناطق بمناخ معتدل.

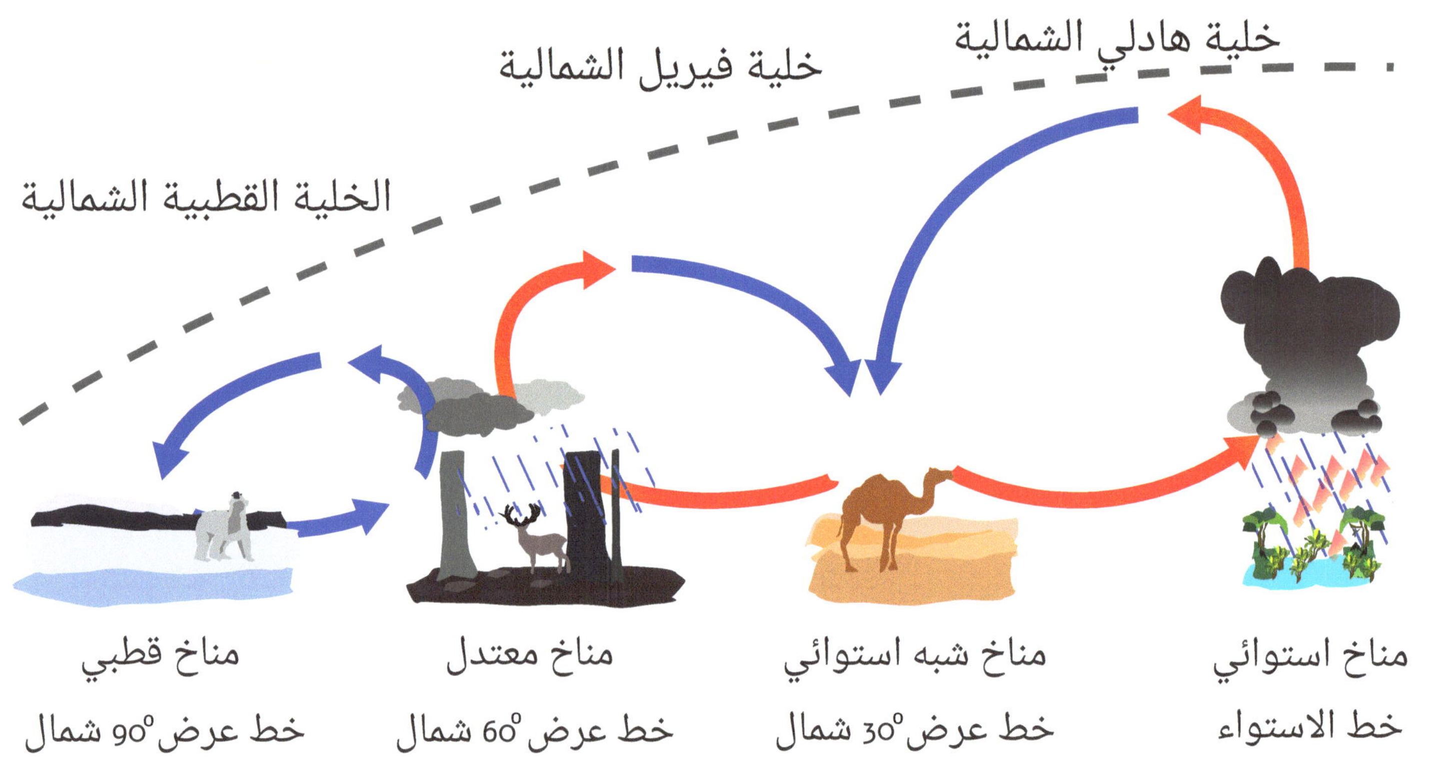

في الاقطاب الباردة،
ينحسر الهواء البارد والجاف.

هذه هي الطريقة التي يتشكل بها المناخ القطبي.

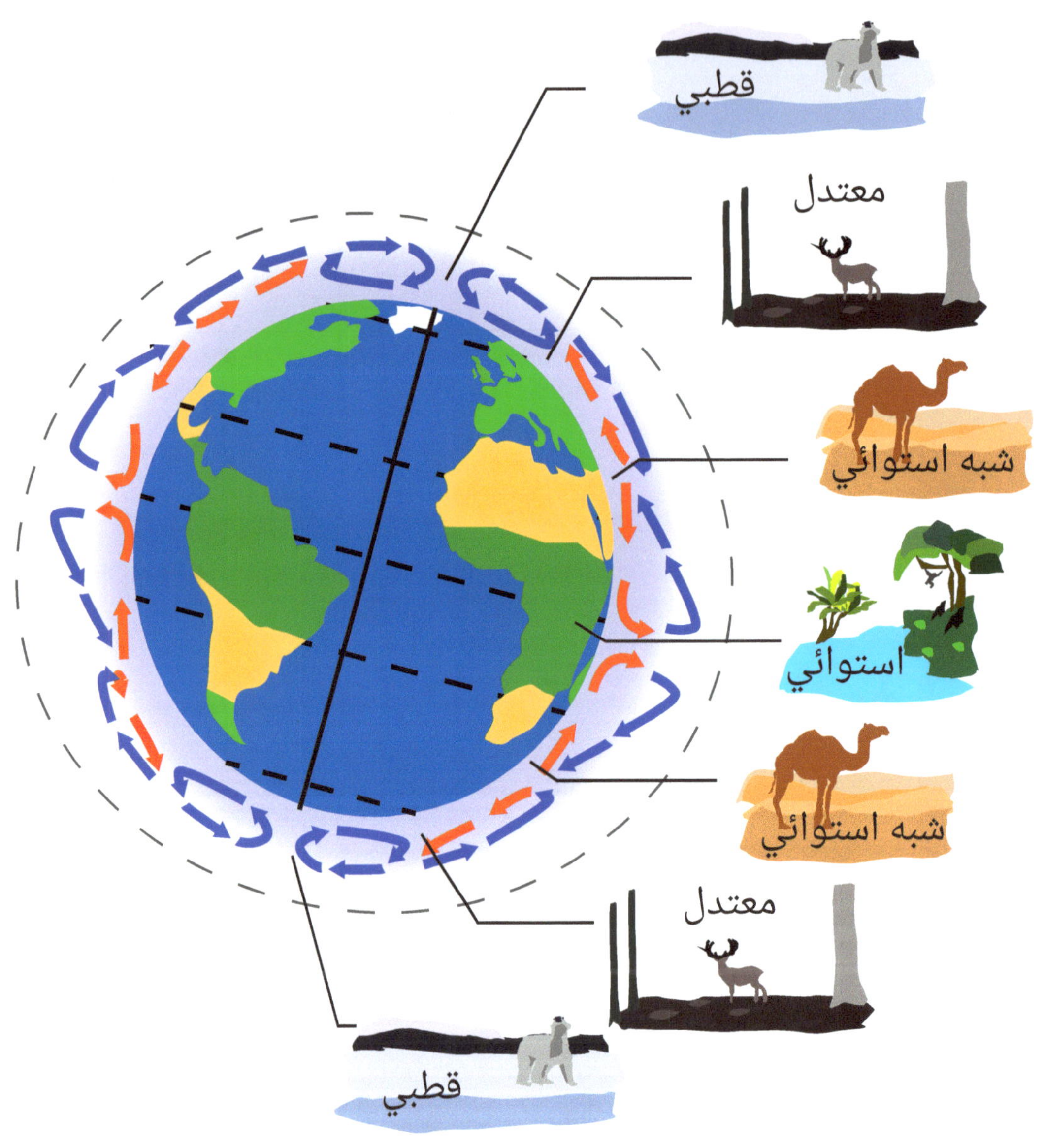

خلايا تدفق الهواء في الغلاف الجوي متشابه على جانبي خط الاستواء.

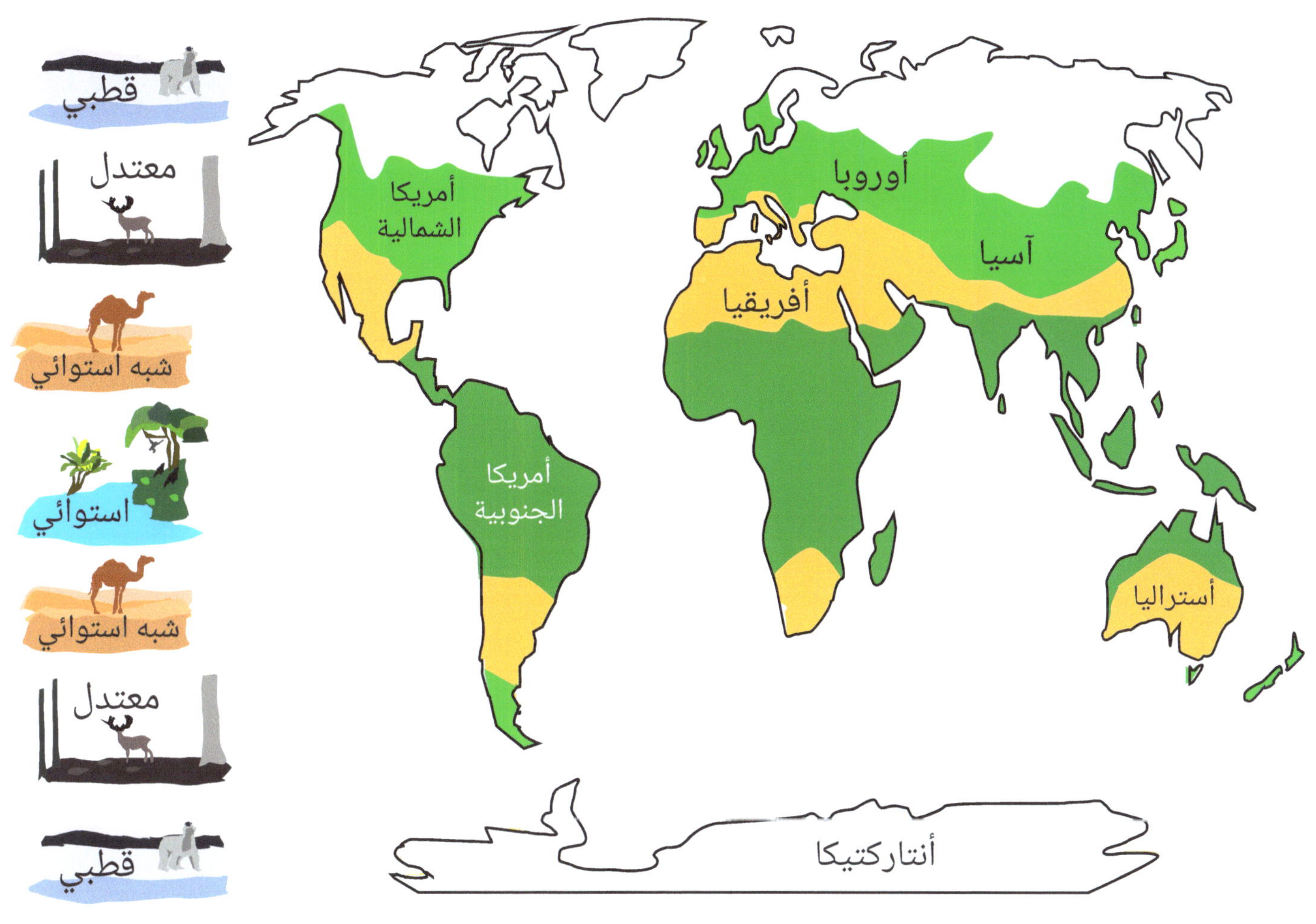

هذا هو السبب الرئيسي في أن الأرض تمتلك مناطق مناخية مختلفة.

معجم المصطلحات

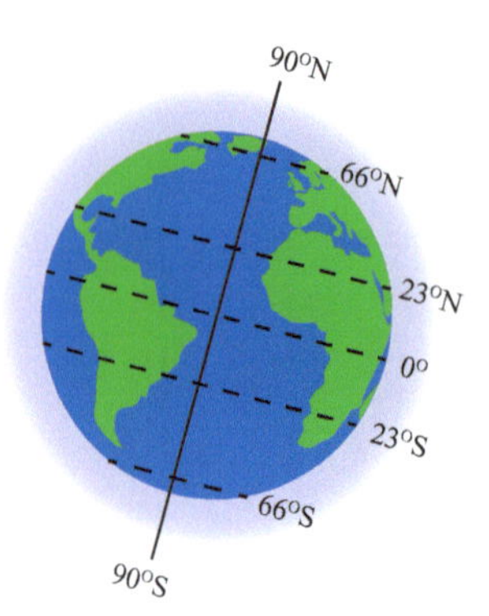

الأرض (Planet Earth) – الكوكب الثالث بعدا عن الشمس في النظام الشمسي. نظرًا لموقعها وتكوين الغلاف الجوي لها ، فإن جزءًا كبيرًا من سطح الأرض مغطى بالماء السائل، وهو أمر اساسي لاستمرار الحياة.

خط العرض (Latitude) – إحداثي يحدد الموقع بين الشمال والجنوب لنقطة على سطح الكرة بالنسبة لخط الاستواء. عند خط الاستواء يكون 0 درجة، ويصل إلى 90 درجة (90 درجة شمالا) أو 90- درجة (90 درجة جنوبا) في القطبين الشمالي والجنوبي، على التوالي.

خلية تدفق الغلاف الجوي (Atmospheric circulation cell) – مصطلح يستخدم لوصف نظام تدفق الهواء في الغلاف الجوي بين خطوط العرض على الأرض. هناك ثلاث خلايا للتدفق الجوي توزع الطاقة على سطح الأرض: خلية هادلي (Hadley cell), خلية فيريل (Ferrel cell) وخلية القطب (Polar cell).

خلية فيريل (the Ferrel circulation cell) – خلية دوران في الغلاف الجوي سميت باسم ويليام فيريل، حيث يرتفع الهواء عند خط عرض 60 درجة على علو مرتفع باتجاه خط الاستواء حتى يصطدم بخلية هادلي عند خط عرض 30 درجة. هناك تنحسر، وتمنع تكون السحب والأمطار، مما يؤدي إلى ظهور مناخ شبه استوائي دافئ وجاف يشكل الأحزمة الصحراوية الطويلة عبر جنوب أمريكا الشمالية ووسطها، أمريكا الجنوبية وشمال وجنوب أفريقيا وآسيا وأستراليا.

خلية قطبية (the Polar circulation cell) – خلية دوران في الغلاف الجوي حيث يرتفع الهواء عند 60 درجة (شمال وجنوب) وينزل عند المناطق القطبية (90 درجة)، مما يخلق مناخًا قطبيًا باردًا وجافًا.

ريح (Wind) – حركة الهواء الناجم عن التغيرات في الضغط الجوي عادة ما يحدث بسبب التسخين غير المتكافئ لسطح الأرض عن طريق الطاقة الشمسية.

الرياح التجارية (the Trade winds) – رياح تهب من الشرق إلى الغرب ونحو خط الاستواء في المناطق الاستوائية.

الرياح الغربية (the Westerlies) - رياح تهب من الغرب إلى الشرق ونحو القطبين عند خطوط العرض المتوسطة.

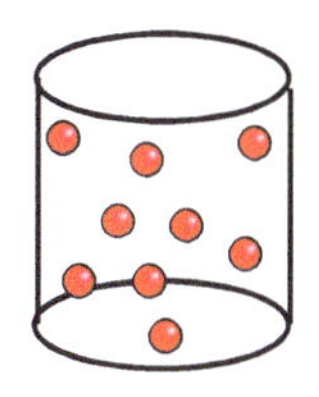

غاز (Gas) – إحدى الحالات الأساسية الأربع للمادة (بما في ذلك الحالة الصلبة والسائلة والغازية والبلازما). يحتوي خليط الغازات، مثل الهواء، على مجموعة متنوعة من الغازات. على عكس السوائل والمواد الصلبة، جزيئات الغاز متباعدة جدا، مما يجعل معظم الغازات غير مرئي، ويتأثر بسهولة بالتغيرات في درجات الحرارة.

غلاف التروبوبوز (Tropopause) – حد حراري في الغلاف الجوي بين التروبوسفير وستراتوسفير ويبلغ ارتفاعه ١٠ إلى ١٥ كيلومترات فوق مستوى سطح البحر.

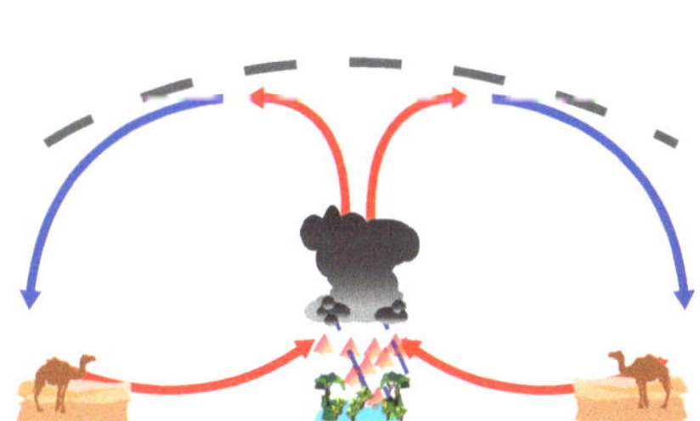

خلية هادلي (the Hadley circulation cell) – سميت على اسم جورج هادلي ، وهي خلية دوران كبيرة في الغلاف الجوي المداري، حيث يرتفع الهواء بالقرب من خط الاستواء ، ويتدفق باتجاه القطب بالقرب من التروبوبوز (على ارتفاع ١٠ إلى ١٥ كيلومترًا) ، وينزل عند المناطق شبه الاستوائية ، ثم يعود إلى خط الاستواء بالقرب من السطح. تشكل هذه الخلية مناخًا رطبًا ودافئًا في المناطق الاستوائية، وطقسًا مستقرًا وجافًا ودافئًا في المناطق شبه الاستوائية.

الغلاف الجوي (Atmosphere) – الغلاف الجوي عبارة عن طبقة من الغازات التي تحيط بالكوكب. يتكون الغلاف الجوي للأرض من ٪78 نيتروجين ، ٪21 أكسجين، ٪0.9 أرجون، ٪0.04 ثاني أكسيد الكربون، بخار الماء (٪0-2) وغازات أخرى.

المناخ (Climate) – متوسط حالة الطقس في منطقة معينة (عادتاً لمدة ٣٠ عاماً). يمكن اعتبار المناخ وصفًا إحصائيًا لخصائص حالة الطقس مثل درجة الحرارة والرياح وهطول الأمطار. عادة ما يتم تصنيف مناطق المناخ وفقًا لمتوسط تقلب درجات الحرارة وهطول الأمطار.

مناخ استوائي (tropical climate) – مناخ يتميز بدرجات حرارة دافئة على مدار العام بمتوسط درجة حرارة 17°C او أكثر في الاشهر الباردة. تتميز عادة بهطول أمطار غزيرة تقدر بحوالي ٢٥٠٠-١٨٠٠ مليمتر في السنة.

مناخ شبه استوائي (Subtropical climate) – المناطق المناخية الواقعة في شمال وجنوب المناطق المدارية، عادة ما بين خط عرض 23° و 35°. غالبًا ما تتميز المناخات شبه الاستوائية بصيف دافئ وشتاء معتدل، وعادة ما يتم تعريفها إما على أنها رطب شبه استوائي، حيث يتركز هطول الأمطار غالبًا في الأشهر الأكثر دفئًا، أو مناخ البحر الأبيض المتوسط (صيف جاف)، حيث يتركز هطول الأمطار الموسمية في الأشهر الباردة.

مناخ معتدل (Temperate climate) – المناطق المناخية الواقعة بين خط عرض 30 وخط عرض 66, أي بين المناطق المدارية والمناطق القطبية. عادة ما يتم تمييزه من خلال التغيرات الموسمية المتميزة ونطاقات درجات الحرارة الأوسع على مدار العام، مقارنة بالمناخ الاستوائي.

مناخ قطبي (Polar climate) – يتكون من صيف بارد وشتاء شديد البرودة، وبتالي فأن الأرض في هذه المناطق تكون مغطاة بالثلوج والجليد معظم أيام السنة ومما يحول منو الأشجار وندرة النباتات. توجد معظم هذه المناطق بعيدًا عن خط الاستواء، وبالتالي تكون أيام الشتاء قصيرة وأيام الصيف طويلة.